MAURICE BARRÈS

DE L'ACADÉMIE FRANÇAISE

LES TRAITS ÉTERNELS

DE

LA FRANCE

VINGT-DEUXIÈME ÉDITION

PARIS

ÉMILE-PAUL FRÈRES, ÉDITEURS

100, RUE DU FAUBOURG-SAINT-HONORÉ, 100

PLACE BEAUVAU

1917

LES TRAITS ÉTERNELS

DE

LA FRANCE

MAURICE BARRÈS
DE L'ACADÉMIE FRANÇAISE

LES TRAITS ÉTERNELS DE LA FRANCE

PARIS
EMILE-PAUL FRÈRES, ÉDITEURS
100, RUE DU FAUBOURG-SAINT-HONORÉ, 100
PLACE BEAUVAU

1917

Justification du tirage

N° 10,865

LES TRAITS ÉTERNELS DE LA FRANCE

DISCOURS

prononcé à Londres, dans la salle de la Société royale, sous les auspices de l'Académie britannique, le 12 juillet 1916.

MESDAMES, MESSIEURS,

Dans sa *Litanie des Nations*, votre Swinburne prête à la France, parlant à la Liberté, ces paroles :

Je suis celle qui fut ton enseigne et ton porte-drapeau,
Ta voix et ton cri ;
Celle qui te lava de son sang et te laissa plus belle,
Je suis celle-là, la même.
Ne sont-ce pas là les mains qui t'ont relevée gisante et t'ont nourrie,
Ces mains meurtries?
Ne suis-je pas la langue qui a parlé pour toi, l'œil qui t'a conduite?
Ne suis-je pas ton enfant?

Cet éloge qui nous a été au cœur, il s'est

trouvé depuis 1870 tant d'hommes et tant de pays pour croire que nous en avions démérité! On doutait de nous, on disait : « Ils ne sont plus les mêmes... La France est une nation du passé, une vieille nation... »

Comme on insistait sur ce mot : une *vieille nation!* C'est vrai, la France existait quand il n'y avait pas encore un sentiment allemand, un sentiment italien, anglais; c'est vrai, nous sommes la nation qui, la première de toute l'Europe, a eu l'idée qu'elle formait une patrie; mais on ne s'explique pas que ces grands titres aient pu nous discréditer auprès des nations plus récentes.

Parmi ceux qui parlaient ainsi, beaucoup nous regardaient sans haine, parfois même avec sympathie. La France, pensaient-ils, a accumulé un immense trésor de vertus, de hauts faits, de services rendus, de gloires incomparables; mais, aujourd'hui, elle est au milieu de tout cela comme un vieillard au soir de la plus belle vie, ou mieux encore comme certains aristocrates frivoles qui, d'une illustre ascendance, n'ont gardé que leurs titres de noblesse, de charmantes manières, de superbes portraits, des tapisseries royales, des reliures écussonnées, un luxe grandiose et frivole.

C'est ainsi, nous le savons bien ; on nous croyait frivoles, usés, trop riches, trop heureux, et faisant du plaisir le seul mobile de notre activité ; les Français livraient à l'instinct et à la passion la conduite de leur vie ; leur fin suprême était le bonheur, et l'on venait à Paris pour participer à ce bonheur...

Injustes étrangers, quand le plaisir facile et cosmopolite de Paris vous enivrait, comment auriez-vous connu ce qui reposait au foyer français, qui a pour vertu de se tenir isolé de la rue passante, et ce qui fermentait dans des cœurs qui attendent toujours un cri de croisade et comme l'appel d'un monde surnaturel pour produire et pour connaître eux-mêmes leur héroïsme ?

I

Mois d'août 1914! L'appel aux armes retentit. Les cloches, dans tous les villages, s'ébranlent sur la vieille église dont le fondement repose au milieu des morts. Elles sont redevenues soudain les voix de la terre de France. Elles convoquent les hommes, elles plaignent les femmes; leur clameur est si forte qu'il semble qu'elle pourrait briser la pierre des tombeaux, et tout de suite elle fait sortir du cœur français tout ce qu'il renferme.

Les enfants, les femmes, les vieillards se dressent autour du soldat, l'accompagnent jusqu'au train... C'est le départ, non pas tel que Rude l'a sculpté dans le coup de vent de *l'Arc de Triomphe*, mais un départ plus tragique encore, les dents serrées : « Puisqu'ils le veulent, il faut en finir! »

C'est le départ. Nous ne pouvons pas être à la fois dans toutes les gares de Paris et de toutes nos villes, sur tous les quais d'embarquement, ni sur tous ces bateaux qui ramènent de l'étranger les Français; voulez-vous que nous allions au cœur même de la France militaire, dans cette École de Saint-Cyr, où se forment les jeunes officiers?

Chaque année, à Saint-Cyr, a lieu en grande pompe la fête du Triomphe. On nomme ainsi une cérémonie traditionnelle où les jeunes gens qui viennent de passer deux ans à l'École, baptisent la promotion qui les suit et donnent un nom à leurs cadets.

En juillet 1914, cette cérémonie coïncida avec les événements qui, en se précipitant, déterminèrent la guerre, et par là elle devait prendre un caractère plus grave. Le 31 du mois, le général commandant l'École fit savoir aux *Montmirail* (c'était le nom des aînés) qu'ils eussent à baptiser leurs cadets, le soir même, militairement et sans les réjouissances traditionnelles.

Tous comprirent qu'ils allaient avoir peut-être dans la nuit à gagner leurs régiments respectifs.

Écoutez un jeune poète de la promotion de *Montmirail*, Jean Allard-Méeus, raconter à sa mère cette soirée déjà devenue légendaire chez nous : « Après le dîner, prise d'armes devant le capitaine et le lieutenant de garde, seuls officiers autorisés à assister à cette cérémonie intime. Belle soirée; dans l'air, des parfums oppressés; l'ordre le plus parfait et le silence le plus grand. Les officiers de *Montmirail* avec le sabre, les « hommes » avec le fusil. Les deux promotions se massent sur le grand terrain, sous le commandement du major de la promotion. Discours patriotiques fort bien; puis, au milieu de l'émotion grandissante, j'ai dit « DEMAIN ».

Soldats de notre illustre race,
Dormez, vos souvenirs sont beaux !
Le temps n'efface pas la trace
Des noms fameux sur les tombeaux.
Dormez ; par delà la frontière,
Vous dormirez bientôt chez nous ;

» Jamais, ma petite maman, je ne dirai plus ces vers, car jamais plus je ne serai à la veille d'un jour de départ pour là-bas, au milieu de mille jeunes gens tremblant de fièvre, d'orgueil et de haine. J'ai sans doute trouvé dans mon émoi personnel l'accent qu'il fallait avoir, car j'ai fini mes vers au milieu d'un frisson général. Ah ! pourquoi le clairon ne les a-t-il pas soulignés de l'*Alerte*? Nous en aurions tous porté les échos sur le Rhin... »

C'est dans cette atmosphère d'enthousiasme que les jeunes officiers reçurent le titre de promotion de *la Croix du drapeau*, et c'est à ce moment que l'un des *Montmirail*, Gaston Voizard, s'écria :

— Jurons que pour aller au feu nous serons en grande tenue, gants blancs et casoar au chapeau.

— Nous le jurons! répondirent les cinq cents *Montmirail*.

— Nous le jurons! crièrent à leur tour les cinq cents *Croix du drapeau*.

Terrible scène, trop française, toute pleine de l'innocence et de la bonne volonté admirable de ces jeunes gens, et toute pleine aussi de conséquences désastreuses.

Ils ont tenu leur vœu téméraire. Il n'est pas permis que je vous dise la proportion des morts. Les enfants charmants que je viens de vous citer ne sont plus. De quelle manière sont-ils tombés?

Tous n'eurent pas leurs témoins, mais tous tombèrent à la façon du lieutenant de Fayolle.

Le 22 août, Alain de Fayolle, de la promotion *Croix du drapeau*, est à Charleroi à la tête d'une section. Ses hommes hésitent. Le jeune sous-lieutenant a mis ses gants blancs. Mais il s'aperçoit qu'il a oublié son casoar. Il tire de sa sacoche le plumet blanc et rouge et il le pique à son shako.

— Vous allez vous faire tuer, mon lieutenant! dit un caporal.

— En avant! crie le jeune homme.

Ses hommes le suivent, électrisés; quelques instants plus tard, une balle le frappe en plein front, juste au-dessous du plumet.

Le même jour, le 22 août 1914, Jean Allard-Méeus, le poète des *Montmirail*, tombe frappé de deux balles.

Gaston Voizard, celui qui eut l'idée du serment, leur survécut de quelques mois seulement. Il semble s'en excuser dans la lettre charmante et déchirante que voici :

25 décembre 1914.

« Il est minuit, mademoiselle et amie, et, pour vous écrire, j'enlève à l'instant mes gants blancs (oh! n'admirez pas, le geste n'a rien d'héroïque; mes derniers gants de couleur sont aux mains d'un pauvre pioupiou qui a froid). Je cherche en vain les mots qu'il faudrait pour vous dire la joie et l'émotion que m'a causées votre lettre arrivée le soir d'un bombardement terrible du pauvre village que nous occupons. Cette lettre fut reçue là comme un baume contre tous les énervements et les malédictions possibles. Cette lettre lue, le soir, — j'en demande pardon à votre modestie! — aux officiers de mon bataillon, réconforta les plus abattus, après cette rude journée, et prouva à tous que le cœur des jeunes filles de France est tout simplement admirable de générosité.

» Donc, il est minuit. L'honneur et le bonheur que j'ai de commander ma compagnie depuis huit jours (mon capitaine ayant été blessé) me valent le plaisir de vous écrire à cette heure, de la tranchée où, par des prodiges d'astuce, j'ai réussi à allumer une bougie, sans que soit éveillée l'attention de ces messieurs d'en face. Ils sont d'ailleurs à une centaine de mètres.

» Mes hommes, en sourdine, entonnent le traditionnel : *Il est né, le divin enfant*. Le ciel luit d'étoiles. On voudrait rire de tout cela... et on est tout près d'en pleurer! Je pense aux Noëls d'antan, passés en famille; je pense à l'effort gigantesque à fournir encore, au peu de chance que j'ai d'en sortir vivant : je pense, enfin, que je vis peut-être en cette minute mon dernier Noël...

» Du regret, direz-vous?... Non, pas même de la tristesse! Seulement un peu de mélancolie de n'être pas au milieu de tous ceux que j'aime!

» Toute la tristesse de mes pensées est pour les meilleurs amis tombés au champ d'honneur, et qu'une amitié fidèle avait presque fait mes frères : Allard, Fayolle, autant d'amis chers que je ne reverrai plus! Quand le soir du 31 juillet, en ma qualité de Père Système de la promotion, j'eus prononcé, au milieu d'un silence religieux, le fameux serment de nous distinguer en ne mourant que gantés de blanc, ce bon Fayolle, qui était bien l'ami le plus enthousiaste que j'aie jamais connu, me disait en souriant : « Quel effet nous allons produire devant les Boches ! Ils seront tellement stupéfaits qu'ils ne tireront pas ! » Hélas ! pauvre Fayolle ! Il a payé cher à sa patrie la dette de son titre de saint-cyrien ! Et tous, ils tombent autour de moi, semblant se demander quand viendra le tour de leur Père Système pour que *Montmirail*, entrant chez Dieu, soit béni au complet...

» Mais, trêve aux lamentations inutiles, n'est-ce pas ? Ne pensons qu'à notre France nécessaire, impérissable, éternelle ! Et, par cette belle nuit de Noël, croyons plus que jamais à la victoire...

» Il faut, mademoiselle et amie, me pardonner cet affreux gribouillage. Voulez-vous aussi me laisser espérer une réponse prochaine et permettre au jeune officier français de baiser très respectueusement la main de la jeune fille de France à l'âme grande et au cœur généreux? »

Le 8 avril 1915, il tombait à son tour.

Ah! que le panache, à toutes les époques, a coûté cher à la France! On doit s'incliner devant l'austère sévérité des grands chefs qui désapprouvèrent la générosité de ces enfants trop prodigues du trésor de leur vie. La guerre réserve à des conducteurs d'hommes assez d'occasions utiles de se dévouer pour qu'ils ne se complaisent pas à provoquer d'avance le destin. Mais comprenons bien que ces conducteurs d'hommes sont des enfants. La circonstance soudain les oblige. Il leur faut conquérir leur autorité. Par la science? Par l'expérience? Ils n'ont à leur service que de s'imposer par la bravoure, en osant quelque chose d'exceptionnel.

C'est bien la pensée qu'exprime fortement l'un d'eux, Georges Bosredon, Saint-Cyrien de vingt ans, quand il écrit à sa sœur :

« N'en dis rien à papa et à maman. Mais, partant officier, j'ai bien peu de chances d'en revenir. Je le sais, et j'ai dès maintenant fait de grand cœur le sacrifice de ma vie... Nous allons arriver jeunes, sans grande valeur, pour commander des hommes entraînés et de vieux soldats déjà. Pour les faire marcher, il faudra payer de notre personne, et nous paierons. »

Généreux jeune homme, qui ne dit rien des fautes commises avant qu'il fût en âge, et qui, nouveau venu, trouve tout naturel de payer de sa vie la victoire !

Et dans toutes nos grandes écoles, dans tous nos collèges, les jeunes gens sont les frères de ces jeunes chefs militaires. Pour eux, une seule chose compte : le besoin que la France ne soit plus une vaincue. Ils sont les jeunes, les purs, les régénérateurs, les hosties de la patrie. Ils accepteront tout pour être dignes de leurs aïeux, pour remplir leur destin et racheter la France.

Les professeurs dans les collèges ne s'y

trompaient pas. Depuis quelques années, ils voyaient apparaître « une génération au clair regard, à la démarche assurée, au cœur sans crainte. » La destinée préparait à la France des sauveurs. « D'où sort la France du 2 août? s'écrie un maître du lycée Janson-de-Sailly (1). De quarante années courbées sous la menace de l'Allemagne. C'est une douleur, une longue humiliation qui explosent enfin en espérances. »

Voilà nos jeunes gens. Mais la guerre a réuni à l'armée toute la nation mâle de dix-huit à quarante-huit ans.

Évidemment, un quadragénaire ne part pas avec cette ivresse de bonheur que nous venons de voir chez nos saint-cyriens. Il n'éprouve plus « ce coupable amour du danger » que Tolstoï, causant avec Déroulède, sur le tard de sa vie, s'accusait d'avoir, lui aussi, connu dans sa jeunesse. C'est le refroidissement du

(1) M. S. Rocheblave.

sang, c'est aussi l'ouverture d'un nouvel horizon. En fondant un foyer, le jeune homme d'hier a assumé des devoirs de protection envers sa famille. Comment aurait-il la magnifique impétuosité du Saint-Cyrien qui dit : « Jeune officier pendant la guerre, c'est vraiment la carrière où l'on recueille de suite les fruits de son honneur, de son énergie, de son dévouement (1). » Le père de famille a derrière lui déjà les fruits de sa vie; il les abandonne, et, à défaut de cette beauté d'allégresse, ce qu'il nous fait voir, c'est la beauté d'un sacrifice perpétuellement médité. Il existe chez le jeune homme, le sentiment de son sacrifice, mais il écarte en hâte cette inquiétude, ne se l'avoue pas, et même, seul à seul, la repousse avec colère. Au contraire, le soldat plus âgé l'accueille et s'en fait un mérite, soit auprès de Dieu, soit auprès de la Patrie.

Gemens spero, avait pris pour devise, dans les

---

(1) Jean Allard-Méeus : *Lettre à sa mère.*

boues de sa tranchée d'Artois, le soldat François Laurentie, père de six enfants. Il gémissait, réconforté par l'espérance que ses enfants n'auraient pas à gémir. Toutes les lettres testamentaires qui sortent des tranchées apportent la même note. Le territorial se bat pour que ses enfants n'aient pas à se battre. Il fait la guerre pour détruire la guerre.

Il se bat aussi pour sa terre. Quelle fut l'émotion des hommes du 20e corps quand ils répandirent leur sang devant Nancy, devant Verdun; des hommes de Péguy, ces faubouriens de Belleville et de Bercy, quand ils virent au bout de leur retraite, en septembre 1914, l'immense Paris dans sa brume qu'ils allaient défendre! L'un d'eux, Victor Boudon, un blessé de la bataille de l'Ourcq, écrit à cette date : « On aperçoit dans le lointain les lueurs blanches des projecteurs des forts parisiens, et, par instant, à travers les feuillages, les lumières de la capitale. Nos cœurs battent violemment de joie et de crainte. »

Un soldat, qui a bien su observer ces débuts de la campagne, résume ainsi son témoignage : « Atmosphère générale d'offrande ».

De ces vieux, de ces jeunes, qu'est-ce que la guerre fait? Une fraternité. Binet-Valmer, engagé volontaire pour la durée de la guerre, m'envoie, du front où il se bat, un mot bien beau, le cri de tous : « Nos hommes sont admirables, *et nous nous aimons tous*. »

Les hommes sont admirables, c'est-à-dire prêts au sacrifice. Soldats qui s'offrent comme volontaires, soldats qui s'en vont de leur initiative propre relever entre les tranchées des camarades blessés, ensevelir des morts : à quoi bon dénombrer de tels épisodes, en donner aucune preuve? On sait que les fils de France sont braves. Et, par exemple, on sait dans tout l'univers la bataille qui dure depuis cinq mois et que nous avons le droit d'appeler la victoire de Verdun.

Mais quoi? dans les autres armées aussi on est brave...

Ce qui est particulier et ce qui a frappé votre grand Rudyard Kipling comme une splendeur qu'on ne voit nulle part ailleurs à ce degré, c'est l'attachement des soldats français pour leurs chefs, et des chefs pour les soldats et de tous entre eux.

Parmi eux, nul mensonge possible. C'est une vie de vérité et de la part de tous. Au début, il existait une nuance de sans-culottisme, une sorte de goguenardise, où survivait à l'encontre des chefs chez le soldat citoyen un sentiment excessif de l'indépendance. Mais depuis, sous les épreuves communes, ce sentiment dangereux s'est mûri et ennobli. Ces hommes continuent à se regarder les uns les autres avec une critique aussi sévère, mais en prenant pour mesure les services rendus au bien commun. Ils ne s'attachent plus qu'aux vraies supériorités, celle de l'esprit, celle du cœur.

En pleine tuerie, ces Français se rappellent constamment qu'ils sont des âmes. Les meilleurs élèvent leurs mains sanglantes vers le ciel, chacun vers son Dieu. Chacun d'eux est préoccupé de prouver la valeur de sa pensée par sa bravoure et par son sacrifice. Chacun agit comme s'il savait (et il le sait) que ses coreligionnaires de la France entière lui ont mis entre les mains leur honneur et les chances de leur idéal. Nos instituteurs rivalisent avec nos prêtres, également admirés les uns et les autres par l'élite de la nation et par leurs frères d'armes. Le Père de Gironde écrit sur son mémorial intime : « Me conduire de telle manière que nous ne puissions plus être exilés. » Et le journal d'Hervé publie chaque jour des lettres, toute une mystique, où les socialistes s'écrient : « Que nous reprochera-t-on désormais? Est-elle assez justifiée notre foi internationaliste qui nous donne la volonté de sauver la France! »

Ils ont tous une haute moralité commune :

le besoin et l'orgueil de ne verser leur sang que pour une cause juste.

Pour nous hausser jusqu'au sommet où vivent les soldats de cette guerre, quel plus beau symbole de l'entr'aide spirituelle qu'ils se donnent que le dévouement du lieutenant-colonel Driant? Driant se porte, au péril de sa vie, auprès d'un de ses lieutenants blessés, et, sous le feu de l'ennemi, il reçoit sa confession et lui donne l'absolution.

Cette terre des tranchées est sainte; elle est tout imprégnée de sang, elle est tout imprégnée d'âme...

Cette fraternité, cette vie spirituelle prolongée durant deux ans de guerre, arrivent à donner à certaines unités militaires une âme collective. Certaines de ces âmes paraissent si belles, dégagent un rayonnement si fort pareil à celui des saints que d'autres groupes reçoivent un accroissement rien qu'à les admirer.

« C'était en Artois, au printemps de 1915, me dit un jeune soldat, Roland Engerand.

Mon régiment arrivait d'un secteur tranquille de l'Aisne, où nous avions fait peu de pertes. La veille, nous venions encore de recevoir un renfort de la classe 15. On nous avait tout habillés de neuf. Nos uniformes d'azur n'avaient pas eu le temps d'être ternis par la boue, la poussière et la pluie; nous débordions d'enthousiasme; nos colonnes, aux cadres complets, avec un officier ou aspirant à la tête de chaque section, allongeaient fièrement leurs trois mille deux cents hommes sur la route. On nous avait dit que nous nous dirigions vers un coin sacré, où tous les yeux étaient tournés. La trouée tant rêvée avait été, quelques heures, virtuellement faite, grâce à l'héroïsme inouï des divisions « de fer » et « d'airain ». Nous allions relever ces troupes et, en montant aux tranchées par le plus beau crépuscule, nous nous demandions avec un peu d'inquiétude si nous serions à la hauteur de pareils héroïsmes, car une telle succession est lourde. Et soudain, voilà que sur la route, dans le soleil couchant qui dorait toutes choses, un fort groupe nous apparut. Des soldats venaient lentement, sans hâte, sans bruit. Des hommes en haillons, portant encore de vieux uniformes bleu foncé, tout déchirés et salis de boue et de sang; des fusils rouillés et encrassés; des souliers sans nom; des képis rouges, mal recouverts de lambeaux de manchons bleus; et, au milieu de tout cela, des figures superbes, sales, hirsutes, aux pauvres traits tirés et durcis, avec des yeux dont le regard entrait en nous jusqu'à l'âme, car il reflétait tous les spectacles sublimes recueillis depuis quinze jours. Ces regards de fièvre et de victoire, quel rayonnement! Ils passaient près de nous, ces hommes, en nous regardant avec curiosité, étonnés de notre luxe et de notre nombre, et, tout en défilant, ils nous disaient seulement : « Ne vous en faites pas. Bon courage on les a eus! » Tous répétaient : « On les a eus! » Des voix jeunes, des voix de Parisiens, des voix à l'accent plus rude, des voix de l'Est, et cette voix enfin qui, avec un accent d'Alsace, nous jeta du dernier rang : « Les *Bauches*, on les a eus ! » Ils n'avaient retenu que cela de toutes leurs souffrances. Leur capitaine les regardait silencieusement avec une prodigieuse expression d'amour.

» Et pendant que nous montions, tous remués, prendre leur place, ils disparurent, de leur pas lassé et triomphal...

» J'ai compris ce jour-là ce que c'était que la beauté de la gloire. »

Que ce dernier mot d'un enfant est grandiose ! Ainsi s'allument à l'héroïsme les cœurs bien nés. Ainsi l'esprit de la frontière, inséré dans les origines du 20e corps et perpétué par lui, court à travers les âmes qu'il embrase.

Et quelquefois, cette âme collective parle.

Aujourd'hui, dans le monde entier, chacun connaît cet épisode que d'innombrables articles, des gravures, des poésies ont popularisé. Vous vous rappelez ? les Allemands ont envahi une tranchée et brisé toute résistance ;

nos soldats gisent à terre, mais soudain de cet amas de blessés et de cadavres, quelqu'un se soulève et saisissant à portée de sa main un sac de grenades, s'écrie : « Debout les morts! » Un élan balaye l'envahisseur. Le mot sublime avait fait une résurrection.

J'ai désiré connaître le héros de ce fait immortel, le lieutenant Péricard. Voici ce qu'il me raconta :

« C'était au Bois-Brûlé, au commencement d'avril 1915. Nous nous battions depuis trois jours; nous n'étions plus dans la tranchée qu'une poignée d'hommes harassés, complètement isolés avec une pluie de grenades sur nos têtes. Si les Boches avaient connu notre petit nombre! Leur artillerie faisait rage. Un lieutenant (son nom m'échappe), qui était venu me soutenir et qui fumait sa cigarette en riant aux projectiles, reçoit une balle au-dessus de la tempe. Il s'appuie au parapet, les deux mains derrière le dos, la tête légèrement inclinée. Par la blessure, le sang gicle avec force, en décrivant une parabole, comme le vin d'un tonneau par le trou de la vrille. La tête penche de plus en plus, puis le corps s'incline, puis, brusquement, la chute.

» La douleur de ses hommes, qui se jettent en pleurant sur son corps !... Impossible de faire un pas sans marcher sur un cadavre. Je me rends compte, soudain, de la précarité de mon sort. Mon exaltation m'abandonne. J'ai peur. Je me ette derrière un amas de sacs. Le soldat Bonnot reste seul. Il n'en a cure et il continue de se battre comme un lion, seul contre combien ?

» Je me ressaisis, son exemple m'a fait honte. Quelques camarades nous rejoignent. Le jour s'achève. Nous ne pouvons pas demeurer ainsi. A droite, il n'y a toujours personne. J'aperçois la tranchée sur une longueur d'une trentaine de mètres, interrompue par un énorme pare-éclats. Si j'allais voir ce qui se passe par là ? J'hésite. Puis, un coup de volonté et je me décide.

» La tranchée est pleine de cadavres français. Du sang partout. Tout d'abord, je marche avec circonspection, peu rassuré. Moi seul avec tous ces morts !... Puis, peu à peu, je m'enhardis. J'ose regarder ces corps, et il me semble qu'ils me regardent. De notre tranchée à nous, en arrière, des hommes me contemplent avec des yeux d'épouvante, dans lesquels je lis : « Il va se faire tuer ! » C'est vrai qu'abrités dans leurs boyaux de repli, les Boches redoublent d'efforts. Leurs grenades dégringolent et l'avalanche se rapproche avec rapidité. Je me retourne vers les cadavres étendus. Je pense : « Alors, leur sacrifice va être inutile ? Ce sera en vain qu'ils seront tombés ? Et les Boches vont revenir ? Et il nous voleront nos morts !... » La colère me saisit. De mes gestes, de mes paroles exactes, je n'ai plus souvenance. Je sais seulement que j'ai crié à peu près ceci : « Holà, debout ! Qu'est-ce que vous f... par terre ? Levez-vous et allons f... ces cochons-là dehors ! »

« Debout les morts !... Coup de folie ? Non. *Car les morts me répondirent.* Il me dirent : « Nous te suivons. » Et se levant à mon appel, leurs âmes se mêlèrent à mon âme et en firent une masse de feu, un large fleuve de métal en fusion. Rien ne pouvait plus m'étonner, m'arrêter. J'avais la foi qui soulève les montagnes. Ma voix, éraillée et usée à crier des ordres pendant ces deux jours et cette nuit, m'était revenue, claire et forte.

» Ce qui s'est passé alors ? Comme je ne veux vous raconter que ce dont je me souviens, en laissant à l'écart ce que l'on m'a rapporté par la suite, je dois sincèrement avouer que je ne le sais pas. Il y a un trou dans mes souvenirs ; l'action a mangé la mémoire. J'ai simplement l'idée vague d'une offensive désordonnée, dans laquelle, toujours au premier rang, Bonnot se détache. Un des hommes de ma section, blessé au bras, continuait de lancer sur l'ennemi des grenades tachées de son sang. Pour moi, j'ai l'impression d'avoir eu un corps grandi et grossi démesurément, un corps de géant, avec une vigueur surabondante, illimitée, une aisance extraordinaire de pensée qui me permettait d'avoir l'œil de dix côtés à la fois, de crier un ordre à l'un, tout en donnant à un autre un ordre par geste, de tirer un coup de fusil et de me garer en même temps d'une grenade menaçante.

» Prodigieuse intensité de vie, avec des circonstances extraordinaires. Par deux fois les grenades nous manquent, et par deux fois nous en découvrons à nos pieds des sacs pleins, mêlés aux sacs à terre. Toute la journée, nous étions passés dessus sans les voir. Mais c'étaient bien les morts qui les avaient mis là !...

» Enfin les Boches se calmèrent ; nous pûmes consolider notre barrage de sacs en avant dans le boyau. Nous nous trouvâmes de nouveau les maîtres dans ce coin.

» Toute la soirée et pendant plusieurs des

jours qui suivirent, je gardai l'émotion religieuse qui m'avait saisi au moment de l'évocation des morts. J'éprouvais quelque chose de comparable à ce qu'on ressent après une communion fervente. Je comprenais que je venais de vivre des heures que je ne retrouverais plus jamais, durant lesquelles ma tête, ayant brisé d'un rude effort le plafond bas, s'était dressée en plein mystère, parmi le monde invisible des héros et des dieux.

» A cette minute, certainement, j'ai été soulevé au-dessus de moi-même. Il faut bien que cela soit, puisque j'ai reçu les félicitations de mes hommes. Pour qui a pratiqué les poilus, il n'est pas de Légion d'honneur qui vaille ces félicitations-là.

» Si je vous parais chercher, en vous faisant ce récit, une satisfaction de vanité, c'est que j'exprime bien mal mon sentiment, ma volonté. Je sais que je n'ai rien d'un héros. Chaque fois qu'il m'a fallu sauter le parapet, j'ai grelotté de peur, et la détresse qui m'a saisi en pleine action et que je vous disais il y a un instant n'est pas un accident dans ma vie de soldat. Je ne mérite aucun compliment d'aucune sorte. Ce sont les vivants qui m'ont entraîné par leur exemple, et les morts qui m'ont conduit par la main. Le cri ne sortit pas de la bouche d'un homme, mais du cœur de tous ceux qui gisaient là, vivants et morts. Un homme seul ne pourrait trouver cet accent. Il y faut la collaboration de plusieurs âmes, soulevées par les circonstances, et dont quelques-unes déjà planaient dans l'éternité.

» Pourquoi ai-je été choisi plutôt que tel officier, plutôt que tel soldat, parmi ceux qui furent mêlés à l'affaire et dont l'héroïsme n'a pas, comme mon courage à moi, connu de défaillance? Pourquoi plutôt que le colonel de Belnay qui parcourait les lignes sous la pluie de grenades, ou le lieutenant Erlaud, ou le sous-lieutenant Pellerin, ou l'aspirant Vignaud, ou le sergent Prot, ou le caporal Chuy, ou le caporal Thévin, ou le soldat Bonnot? *(Il m'en citait indéfiniment.)* Pourquoi? on peut recevoir le souffle d'en haut et n'être qu'un pauvre homme.

» Si jamais vous racontez cette histoire, je vous demande instamment de nommer tous ces chefs et ces soldats, car ce serait un mensonge que j'aie l'air de monopoliser la gloire de cette belle journée de notre régiment. Le cri n'est pas à moi seul, il est à nous tous. Plus vous fondrez mon rôle dans la masse, plus vous vous rapprocherez de la réalité. J'ai la conviction de n'avoir été qu'un instrument entre les mains d'une puissance supérieure. »

II

Voilà les faits. En voilà du moins un échantillon, un échantillon du vin qui depuis deux ans fermente sur nos collines, du froment de nos sillons et du sang de nos batailles.

Mais tout cela, est-ce donc rien d'inconnu et d'inattendu? C'est du fruit français, pareil à ce que la vieille nation produisit tant de fois le long des siècles; c'est le vin, le froment, le sang de toutes nos épopées. Reconnaissons dans notre passé chacun des traits que nous venons de marquer. Les chansons de geste, les croisades, tout le jeune âge de la France regorgent d'innombrables faits accomplis par nos chevaliers et par la *sancta plebs Dei* qui devancent, annoncent les exploits mis à l'ordre de nos armées en 1916.

Le vœu mortel des jeunes saint-cyriens... mais c'est un épisode typique de nos chansons de geste. Il n'est pas de thème qu'elles développent avec plus de fraîcheur et de génie que l'allégresse guerrière, la pureté, la bonne volonté des jeunes héros, les Aymerillot, les Roland, les Guy de Bourgogne dans leur première adolescence. Quand les *Montmirail* et les *Croix du drapeau* font le serment de recevoir le baptême du feu gantés de blanc et le casoar au képi, c'est un chapitre qui revit des « Enfances Vivien ». Le jour que le jeune Vivien est armé chevalier, il jure devant son lignage assemblé de ne jamais reculer en bataille de la longueur de sa lance; et c'est de ce serment qu'il mourra.

Gemens spero, c'est la pensée qu'inspire au territorial le souvenir de ses six enfants; il se complaît douloureusement à les évoquer... Ainsi ce chevalier dont parle Jacques de Vitry qui, au moment du départ pour la croisade, rassemble autour de lui ses enfants. « Je les ai tous fait venir, explique-t-il, afin que ma douleur de partir soit plus vive et pour offrir à Dieu un sacrifice plus grand. »

L'esprit d'égalité et de fraternité dans nos trànchées... Joinville raconte que saint Louis travaillait aux tranchées et portait lui-même la hotte.

Nuls n'est vilains s'il ne fait vilenie.

C'est un vers des chansons de geste, comme ce pourrait être un vers de Corneille, comme c'est la pensée de chaque Français et Française en 1916. Durant la bataille d'Antioche, l'évêque du Puy harangue les Croisés : « Nous tous qui sommes baptisés au nom du Christ, nous sommes les fils de Dieu, et des frères les uns pour les autres... Combattons donc d'un même cœur en frères ». Et le sire de Bourlémont (Bourlémont, la seigneurie au-dessus de Domrémy; le sire de Bourlémont, celui dont le petit-fils allait connaître Jeanne d'Arc) dit à Joinville qui partait pour la Croisade : « Vous en alès outre mer, or vous, prenés garde au revenir, car nuls chevaliers, ne povres ne riches, ne puet revenir qu'il ne soit honnis, s'il laisse en la main des Sarrazins *le peuple menu Nostre Seignor*, en laquel compaignie il est alez. »

Driant qui se traîne sous la mitraille pour porter l'absolution à un lieutenant qui se meurt... c'est Guillaume d'Orange venant au secours de son neveu Vivien à la bataille des Aliscamps. Il arrive trop tard, il combat longuement pour le rejoindre, ne parvient pas à le retrouver, ni vif, ni mort. Le soir approche. Il chevauche par le champ, très las. Sur son front que le cercle du heaume enserre, des gouttes de sang tombent comme de la couronne d'épines. Il cherche vainement Vivien. Enfin, sur l'herbe, à ses pieds, il reconnaît, hérissé de flèches, l'écu de l'enfant. Plus avant, non loin d'une source, sous la ramure d'un grand olivier, Vivien gît inanimé, ses blanches mains croisées sur sa poitrine. Guillaume met pied à terre, l'embrasse tout sanglant, le pleure comme un mort : « Neveu Vivien, jeunesse belle, c'est grand pitié de ta prouesse toute neuve... » Mais, peu à peu, entre ses bras, l'enfant se ranime, ouvre les yeux : il avait « retenu sa vie » sachant que Guillaume viendrait. Guillaume d'Orange, ayant loué Dieu, lui demande s'il veut lui dire ses péchés en « vraie confession ». « Je suis ton oncle, nul ici ne t'est plus proche que moi, hormis Dieu ; en son lieu et place, je serai ton chapelain ; à ce baptême, je veux être ton parrain. » Vivien se confesse ; son grand péché, c'est d'avoir fui, croit-il, contrairement à son vœu. Guillaume l'absout, puis prend une hostie dans son aumônière, le communie. Vivien meurt. La nuit est tombée, Guillaume pourra échapper seul à travers les lignes ennemies... Pourtant, à la minute de laisser là le corps, un regret le prend; l'abandonner ainsi seul, dans les ténèbres? Les autres pères, quand leurs enfants meurent, ne les veillent-ils pas? Alors il attache son cheval à l'olivier et commence la veillée. Sous la ramure noire, le corps de Vivien rayonne et répand dans l'air le parfum du baume et de la myrrhe. La nuit est douce et sereine. Debout auprès de son fils mort, le comte pleure, il ne peut s'en rassasier, et laissant passer l'aube il attend que le soleil soit haut levé et brille bien clair. Alors il renoua les lacs rompus de son heaume, embrassa Vivien, le regarda une dernière fois; il se remit en selle, s'achemina à petits pas vers la route que tenaient les Sarrazins, puis venu à la portée d'un arc, il cria son cri d'armes, et, baissant sa lance de frêne, il chargea.

Debout les morts!... ce cri mystérieux du bois d'Ailly, déjà nous l'avons entendu. Au siège d'Ascalon, les Templiers voient plusieurs de leurs frères pendus par les Sarrazins sur la porte de la cité. Ils sont pris de découragement, ils veulent lever le siège. Mais le maître du Temple leur dit : « Voyez, les morts nous appellent, car déjà ils ont pris la ville. »

On pourrait multiplier à l'infini ces rapprochements, ces images de la plus jeune France et de la France d'aujourd'hui que l'on disait vieillie, et comme les peintres verriers de nos cathédrales ont souvent juxtaposé les figures de l'ancienne loi en regard de la nouvelle, ici Jonas et la baleine, là le Christ et le tombeau, ici Moïse et le buisson ardent, là la Vierge et la crèche, je pourrais disposer ces notes indéfiniment suivant le même procédé de symétrie pour mettre en relief la ressemblance des petits-fils et des aïeux, et plus profondément la concordance de toutes nos guerres et de la grande guerre.

Le zouave de 1914 qui, du milieu d'un groupe de prisonniers derrière lesquels les

Allemands s'abritent, crie aux Français : « Mais tirez donc ! » et qui meurt sous leurs balles, nous le connaissions déjà : il y a neuf siècles, les Sarrazins firent monter aux créneaux d'Antioche un croisé prisonnier pour qu'il demandât à ses frères de renoncer à l'assaut. Mais il leur cria d'attaquer. Les Sarrazins lui tranchèrent la tête. Étienne de Bourbon ajoute que la tête, lancée du haut des murs par une baliste, et venue aux mains des chrétiens, riait de joie.

Entre les deux, le chevalier d'Assas.

Le jeune soldat défiguré qui dit : « Si mon père me voyait ! Bah ! Il ne m'a pas fait pour être beau; il m'a fait pour être brave... » met visiblement à tenir ce propos la même fierté que Montluc à dénombrer ses « sept arquebousades » dont la plus belle, à son gré, était celle de Rabastens qui lui avait troué la face.

Le capitaine de F... qui déclare : « Un officier de mon grade, qui fait son devoir dans la condition où je me trouve, ne doit pas revenir vivant », témoigne d'un esprit de sacrifice qui outrepasse le mot d'ordre de Godefroy de Bouillon, au moment du dernier assaut contre Jérusalem, à la Porte de David : « Ne redoutez la mort, mais alez la quérant. »

Le poète Charles Perrot a été tué devant Arras le 23 octobre : un de ses camarades, le voyant malade, venait de lui dire : « Je vais te remplacer. Tu as toujours fait ton devoir. Repose-toi. » Et Charles Perrot avait répondu : « On n'a jamais fini de faire son devoir. » Ce poète s'accorde avec le chevalier Erard de Sivry qui combattait à Mansourah au côté de Joinville, et cinq chevaliers avec eux, dans une maison ruinée. Atrocement blessé au visage, il hésitait à aller chercher du renfort, de peur qu'on fît un jour reproche à lui et à sa parenté. « Vous pouvez aller, lui répond Joinville, car déjà vous êtes un homme mort ; » mais il ne se contente pas de l'avis de Joinville, il croit devoir demander conseil tour à tour à chacun des autres...

Au bois de la Grurie, une compagnie du 151e régiment d'infanterie barre l'entrée du boyau. Trois hommes seulement peuvent y tenir de front. Quand un homme tombe, un autre prend sa place. Le combat dura deux heures; trente hommes tombèrent. Incident banal, presque quotidien. Comment ne pas penser à cet épisode des croisades que l'on appelait « le Pas Saladin » et que l'on peignait de toutes parts dans la salle des châteaux? C'était votre roi Richard, Gautier de Châtillon, Guillaume des Barres, neuf autres chevaliers qui défendaient un défilé devant Jaffa. Tout le moyen âge regarda ces douze hommes comme des miroirs de chevalerie et conserva pieusement leurs blasons. Mais nous ne saurons jamais les noms des grenadiers du bois de la Grurie et de tant d'autres tranchées. Ils sont trop.

III

Voilà plus de mille ans que ce fleuve de prouesses coule à pleins bords. Nous venons d'y puiser; nous n'avons pu saisir dans le flot qui passe que ce que contenaient nos deux mains rapprochées. Qu'est-ce que tout cela? Que prouvent ces aventures héroïques et charmantes, cette vie profonde, cette âme française débordée?

Les Français se battent en état religieux. Les premiers, ils ont inventé l'idée de guerre sainte. Le soldat de l'an II, quand il croit apporter au monde la liberté et l'égalité, se dévoue du même élan et dans le même esprit que le croisé de Jérusalem. Quand le croisé crie : « Dieu le veut », quand le volontaire de Valmy crie : « La République nous appelle », c'est le même cri d'armes. Il s'agit de réaliser plus de justice et plus de beauté sur la terre. A tous deux, une voix du ciel ou leur conscience dit :

Se vous mourez, esterez sainz martirs. (1).

Ce n'est pas chez nous qu'on entreprend des guerres de proie. Des guerres pour la gloire et l'honneur, soit, parfois! Mais pour soulever la nation unanime, il faut qu'elle se connaisse le champion de Dieu, le chevalier de la justice. Il nous faut être persuadés que nous luttons contre les Barbares, Islam jadis, aujourd'hui pangermanisme, ou contre les despotes, militarisme prussien et impérialisme allemand.

Les Français défendant la France ont cru presque toujours résister et souffrir pour que

---

(1) *Là Chanson de Roland.* — L'archevêque Turpin, avant la bataille, à l'armée agenouillée.

l'humanité fût plus belle. Ils se battent pour leur terre pleine de tombeaux et pour le ciel où règne le Christ, où flottent du moins leurs idées. Ils meurent pour la France, autant que les fins françaises peuvent être identifiées aux fins de Dieu ou bien aux fins de l'humanité. Et c'est ainsi qu'ils font la guerre avec des sentiments de martyrs.

Voulez-vous entendre un grand texte, voulez-vous savoir comment on décidait nos aïeux, il y a neuf siècles, à partir pour la croisade? Vous apprendrez en même temps comment nos soldats, aujourd'hui encore, ont besoin qu'on les harangue. Écoutez, c'est le pape Urbain II (un homme de France, né en Champagne) qui prêche au Concile de Clermont en Auvergne. Il dit : « Nation des Français, nation élue de Dieu, comme le montrent tes œuvres, et chère à Dieu, et qui te distingues entre toutes les autres par ton dévouement à la sainte foi et à l'Église, c'est vers toi que va notre parole et notre exhortation... A qui peut revenir la tâche de venger les outrages des Infidèles, sinon à vous, Français, à qui Dieu donna, plus qu'à tout autre peuple, la noble gloire des armes, des cœurs grands, des corps agiles, et la force de ployer qui vous résiste? Puissent émouvoir vos âmes et les exciter les actes de vos ancêtres, la prouesse et la grandeur du roi Charlemagne, de son fils Louis et de vos autres rois, lesquels ont détruit les royaumes des païens et reculé les frontières de la sainte Église!... O chevaliers très preux, issus de lignages invincibles, souvenez-vous de la valeur de vos pères!... » Voilà comment il fallait présenter les choses à nos nobles aïeux. Et c'est ainsi que leur parlaient Jeanne d'Arc, qui se nommait elle-même la « Fille Dieu », et Bonaparte, et avec lui les généraux républicains, et c'est encore l'esprit dont s'enflamment nos soldats quand ils surgissent des tranchées en chantant *la Marseillaise*, sous la bénédiction de leurs aumôniers.

Sans doute, la raison nous atteint et nous

persuade. Nous entendons ceux qui nous disent que la France est un chef-d'œuvre réel et tangible dont il faut maintenir et perfectionner les formes; qu'elle ne peut pas vivre sans Metz et Strasbourg; qu'elle a besoin d'équilibrer son Midi avec des populations du Nord et de l'Est; qu'elle sera désarmée, ouverte, tant qu'il lui manquera ses frontières naturelles... Mais beaucoup demeureraient froids. Et pour se sacrifier, les fils de France veulent toujours n'être pas morts uniquement pour la France.

Il est arrivé que la France brisât la chaîne de ses traditions et perdît jusqu'à ses souvenirs, cependant elle demeurait fidèle à son âme. Dans chaque génération elle fait revivre des Roland, des Godefroy de Bouillon, des Bayard, des Turenne, des Marceau, ne sût-elle plus leurs noms, et toujours elle s'énivre avec des sentiments dont elle ne change que les formules.

Parfois le poème sommeille : jamais il ne

fut plus fraternel, plus religieux qu'à cette heure. Comme de nombreux traits de l'Ancien Testament, obscurs et chétifs par eux-mêmes, ne prennent leur plein sens qu'à la lumière du Nouveau, de même les antiques prouesses des chevaliers et de nos aïeux respectés semblent n'être que la préfiguration des choses plus riches et plus saintes d'aujourd'hui. On dirait que l'histoire de notre nation tendait tout entière à ce que nous voyons depuis deux années. Des millions de Français sont entrés dans cet état d'héroïsme et de martyre qui jadis, aux époques les plus hautes de notre histoire, fut le fait seulement d'une élite. Jeune ou vieux, pauvre ou riche, et quel que soit son *credo*, le soldat français de 1916 sait que la France est une nation qui intervient quand il y a trop d'injustice sur la terre, et dans sa tranchée boueuse, le fusil à la main, il sait qu'il continue les *Gesta Dei per Francos*.

Roland au soir de Roncevaux meurt en murmurant : *Terre de France, mult estes dulz pays*. C'est avec le même mot et le même amour que meurent les soldats d'aujourd'hui. « Au revoir, écrit Jean Cherlomey à sa femme, promets-moi de n'en pas vouloir à la France si elle m'a voulu tout entier. » — « Au revoir, c'est pour la France, » dit en mourant le capitaine Hersart de La Villemarqué. — « Vive la France, je suis content, je meurs pour elle! » dit le brigadier Voituret, du 2e dragons. Et il expire en essayant de chanter *la Marseillaise*. — Albert Malet, dont les manuels ont enseigné l'histoire à nos écoliers, s'est engagé pour la guerre; une balle l'atteint à la poitrine. Il s'écrie : « Mes amis, en avant! Je suis heureux de mourir pour la France. » Et il s'affaisse sur les fils barbelés devant la tranchée ennemie. — « Vive la France, je meurs, mais je suis content! » crient tour à tour l'un après l'autre des milliers de mourants, et le soldat Raissac du 81e de ligne, blessé à mort le 23 septembre 1914, trouve avant d'expirer la force d'écrire au dos de la photographie de sa mère : « Mourir est un honneur pour le soldat français. »

Ils ne veulent pas qu'on les pleure. Georges Morillot, normalien, sous-lieutenant au 27e d'infanterie, mort pour la France dans la forêt d'Apremont, le 11 décembre 1914, laissait une lettre à ses parents : « Si vous ouvrez cette lettre, c'est que je ne serai plus et que je serai mort de la plus belle mort. Ne me pleurez pas trop : ma fin est enviable entre toutes... Parlez de moi par moments comme d'un de ceux qui ont donné leur sang pour que la France vive, et qui sont morts joyeusement... Depuis ma première enfance, j'ai toujours rêvé de mourir pour mon pays, face à l'ennemi... Laissez-moi dormir où le hasard des batailles m'aura mis, à côté de ceux qui, comme moi, seront morts pour la France : j'y dormirai bien... Mes chers parents, heureux ceux qui sont morts pour la patrie ! Qu'importe la vie des individus, si la France est sauvée ! Mes bien-aimés, ne pleurez pas... Vive la France! » — Louis Belanger, âgé de vingt ans, tué à l'ennemi le 28 septembre 1915, avait écrit aux siens : « J'espère que ma mort ne sera pas pour vous un sujet de tristesse, mais une sensation de fierté. Je désire que mon deuil ne soit pas porté, car il ne faut pas qu'au jour de gloire où la France sera restaurée, le noir vienne ternir le soleil dont toutes les âmes françaises seront illuminées. » Pour lui obéir, les billets faisant part de sa mort n'ont point été encadrés de noir, mais bordés d'une bande d'argent. — Hubert Prouvé-Drouot, Saint-Cyrien de la promotion de la Grande Revanche, mort au champ d'honneur, donne pour dernière recommandation à sa mère, en la quittant pour rejoindre son régiment : « Quand les troupes rentreront victorieuses par l'Arc de Triomphe, si je ne suis plus là, mettez vos plus beaux vêtements et soyez-y! »

Les mères entendent, et participent de cet

enthousiasme sacré. Devant le lit d'hôpital où gît le corps de son fils mort, un père pleure; la mère, une paysanne, lui prend la main : « Faut avoir du courage, mon homme. Tu vois bien que le petit en avait. » — Un soldat de Bagnères-de-Bigorre, jardinier à Lourdes, grièvement blessé meurt à l'hôpital de l'Institut : sa femme, appelée par dépêche, arrive trop tard. Devant le corps glacé, elle dit simplement : « Il est mort pour la patrie. C'était sa mère, je ne suis que sa femme. » — Mme de Castelnau, la femme du chef illustré, est à la table de communion; elle prie pour ses trois fils qui se battent. Mais voici que la main du prêtre qui lui présente l'hostie tremble. Elle a compris et dit simplement : « Lequel? »

C'est que les mères françaises soutenues par une force surnaturelle croient que leurs fils en tombant pour la France trouvent, plutôt que la mort, leur épanouissement. L'une d'elles, qui ne veut pas que nous la nommions, emploie ce mot dans une lettre éblouissante de sainte beauté :

Paris, 20 octobre 1915.

« Commandant,

» Je ne saurais assez vous remercier de la fidélité de votre douloureux souvenir. L'anniversaire du sacrifice de mon brave enfant est particulièrement cruel et doux : cruel, parce qu'il me rappelle un jour où je songeais à lui, sans me douter de l'épreuve que sa vaillance allait me coûter; doux, parce que je ne saurais évoquer la brusque fin de cette pure et courte vie, sous un autre aspect que celui d'un suprême épanouissement.

» Merci, commandant, de tout ce que vous me dites de mon cher petit soldat; puisse sa mort glorieuse contribuer à la victoire de notre France; alors je m'agenouillerai, et une fois de plus je dirai : merci!

» Mon cœur de mère reste brisé devant la mort de cet enfant de vingt ans qui était toute ma joie. Ah! comme à la fois on peut être fier et malheureux!

» Voulez-vous, commandant, être mon interprète auprès de tous ceux qui gardent le souvenir de celui qui est tombé pour la patrie, et leur dire que ma pensée va souvent vers cette terre de Lorraine si chère aux âmes françaises.

» Recevez, commandant... »

Un suprême épanouissement, dit-elle! Il semble, en effet, que nous n'ayons connu que des chrysalides et que tout un peuple déploie ses ailes. La France éternelle se dégage. C'est pour elle que les fils de France meurent d'une mort pieusement acceptée par les mères.

Une femme du peuple est avertie de la mort de son mari au champ d'honneur, tandis qu'elle tient dans ses bras son enfant qu'elle allaite. Elle chancelle, se redresse et crie : « Vive la France! » en soulevant son fils vers le ciel... Fils des martyrs, fils de trente générations pareilles, tu vivras demain dans la France de la victoire.

IMPRIMERIE CHAIX, RUE BERGÈRE, 20, PARIS. — 15370-12-16.

OEUVRES DE MAURICE BARRÈS

L'AME FRANÇAISE ET LA GUERRE

L'UNION SACRÉE

(2 août-31 octobre 1914)

*

Un volume in-18 . . . . 3 fr. 50

LES SAINTS DE LA FRANCE

(1er novembre 1914-1er janvier 1915)

**

Un volume in-18 . . . . 3 fr. 50

LA CROIX DE GUERRE

(2 janvier-11 mars 1915)

***

Un volume in-18. . . . . 3 fr. 50

L'AMITIÉ DES TRANCHÉES

(11 mars-9 mai 1915)

****

Un volume in-18 . . . . 3 fr. 50

IMPRIMERIE CHAIX, RUE BERGÈRE, 20, PARIS. — 15372-12-16.